DEVENIR POESÍA
Número 339
Colección dirigida por Juan Pastor

# SIN TÍTULO

JUAN PASTOR

# SIN TÍTULO
## Al otro lado de la escena

POESÍA

Devenir

Madrid, 2025

Primera edición, enero 2025

Diseño: José Ramón Ballesteros de Diego


© Juan Pastor
© De la presente edición:
Fundación Devenir. Poesía y Ensayo
Apartado de correos número 5
28991 Torrejón de la Calzada (Madrid)
Teléfono: 918 169 210
Dirección de correo electrónico: pastorj@telefonica.net
Página web: www.devenir.es

ISBN: 978-84-18993-36-7
DEPÓSITO LEGAL: M 1943-2025


Impreso en Imprenta Kadmos
Salamanca
IMPRESO EN ESPAÑA - PRINTED IN SPAIN

*A Encarna. Rigurosa búsqueda del equilibrio.*


*A Oceanía Pastor Lara,*
*por sus oleadas de viento en libertad.*
*Por la persistencia y lucidez de los hilos de su mirada.*

# UNA PAZ DE HILOS Y MADEJA ILIMITADA
## Dos poemas necesarios y al margen
### (A Manuel Álvarez Ortega *in memoriam*)

## I

ME VAS A PERMITIR utilizar tu nombre porque tu voz no puedo.

Sería demasiado. Se podrían resentir… ciertos pilares y derribar edificios, capaces de romper las estructuras del engaño.

Pero tengo la fuerza con la que tantas veces hemos acariciado el vuelo y esa paz de hilos y madeja ilimitada.

¿Pero dónde está la verdad? ¿Quién y dónde permanece? Preguntas que tú, siempre sentenciabas.

Hoy, cuando todo está en calma porque has llegado hasta donde tú, querías y tus pasos te dejaron. Era la nada lo que esperabas y lo que desde hace tanto tiempo habías diseñado.

Un teatro de voluntad y fuerzas que se rompen por la amable cordialidad del entorno, hasta conseguir, voltear y destruir cimientos.

Fracturar tanta realidad diseñada, con voz y preparación.

Tú ya lo sabías cuando siempre afirmaste con rotundidad, la duda de tu verdad.

Eso siempre fue más coherente. Más digno y mucho más, que los cantos de diseño y de sirenas… frente a tanta suciedad … y catedrales de vacío.

## II

PERO LA REALIDAD ESTÁ en lo que nosotros podemos tocar
con los dedos.
Limitados por la huella y superados por las
prolongaciones de lo imaginado.
Aunque hoy prometo dejar que caiga desde tu voz, la
caricia que se oculta. Y todo cuanto tú necesitabas...
y que nos hayas podido reclamar.

Sí. Un edificio de solidez y principios, que nos permita
juzgar y desaparecer.

Siempre con tus ideas y volumen de contenido. Con tu
ritmo para el equilibrio y sus prolongaciones de sueño
y realidad.
Es otra forma de producir para imaginar. La voz, y su
pálpito de sensaciones, sobre un tornado y voladuras
de tormenta.

Pero sí. Será tu obra y reconocimiento con tu mirada y
solidez de piedra.
Para siempre Manuel, tu voluntad y criterio. Tu voluntad.

Córdoba, a 2 de julio de 2014

*…Me parecía que llovía y hacía sol, alternativamente. Un tiempo verdaderamente primaveral. Tenía ganas de volver al bosque. Bueno, no muchas ganas. Molloy podía quedarse donde estaba.*

De *Molloy*.[1] SAMUEL BECKETT

---

[1]   Samuel Beckett. *Molloy*. Edición de 1969. Traducido por Pere Gimferrer.

# PUNTOS DE REFLEXIÓN
## (Al otro lado de la escena)[2]

---

[2] Situación de tránsito. El actor antes de la representación y el espectáculo. Antes de pisar y de entrar a escena.

I

NO QUIERO prescindir de lo establecido por las reglas y obligaciones de mi escritura. Necesito descansar. Sentir la voz de hielo y oscuridad. Estar y poder buscarme cuando amanece.

Aunque sueño para caminar por encima de la luz, para dejar mis dedos colgados y suspendidos desde la nube.

II

SON MUCHOS AÑOS y décadas los que se nos han ido. Fue un 27 de mayo. Cuando más allá de tu brillo, de tu necesidad y lectura de piel que se manifiesta… cuando *todo fue así*.[3] Pero también, junto a la denuncia está la nada y el abismo del tiempo que se precipita.

Siempre mucho más… y al otro lado de nuestra propia fantasía.

---

[3]  Juan Pastor. *«Introducción. «Poema I y II».* Página 7, 8 y 9. *Sin labios para reír.* Barcelona 1979.

OSCURIDAD CONTROLADA
(Ya en escena. Paréntesis para lanzar la voz)

POR ENCIMA. Al otro lado y sobre miradas en amarillo y azul, amanece un horizonte de matiz que tranquiliza cuando se nos contempla.

Son claridad y parcelas de poder. Sobre un paisaje de recorridos en movimiento.

*VLADIMIRO - Cuando pienso… desde entonces… me pregunto qué*
*hubiera sido de ti… sin mí…(Decidido.) Ahora no serías más*
*que un montoncito de huesos, sin duda alguna.*
*ESTRAGON (herido en lo vivo). - ¿Algo más?*
*VLADIMIRO (abrumado). - Es demasiado para un hombre solo…*

De *Esperando a Godot.*[4] SAMUEL BECKETT

---

[4] Samuel Beckett. *Esperando a Godot.* Acto primero. Edición de 1970. Traducido por Pablo Palant.

# ACTO PRIMERO

I

ME RECONOZCO para el silencio y su perfil. Es el mismo
poema. Pero con témpanos de luz cuando suena tu
latir de fondo y en profundidad.

Hoy es otoño y no quiero tocar el rostro de tus ausencias,
para caer, hasta morir en diciembre.

Aquí nadie sabrá de mis cenizas. Porque soy luna sobre
un paisaje de viento. Para levantar y desplazarnos con
la marea.

## II

SIN REMOS PARA LA VOZ. Sin recuerdos de piel y azucena.
Somos, como el sueño que nos levanta cuando amanece.
Cañonazos y lanzaderas hacia el futuro. Miradas que
mueven la nube, para pulsar sobre la huella y
sugerencias de tu rostro.

# III

PORQUE ES ASÍ lo que vivo y espero. Y porque nada
sucede. Somos totalidad y muerte. Futuro y precisión.

Estamos en la memoria del otoño. Junto al color.
Enfrentados a un frío de niebla y lucidez.
Atrás han quedado: tonalidad, temperatura... y la vida que
surge a borbotones.

Oleadas de viento. Arenas que recorren la distancia sobre
la señal... a caballo y mariposas de la tarde.

Pero el blanco vive. Siempre buceando. Siempre de cara y
sin retorno.

## IV

QUIERO ABRAZARME A TUS DESEOS. A la huella del tiempo.
Y las estrías se cierran porque no hay campo para la
siembra.
Pero amanece. Y porque te amo navegamos en la ruptura.

Aunque amor. Tú eres parte del camino cuando se suceden
los tiempos y la razón para el descanso en soledad.

Como luna de contornos para el brillo. Como la noche
cuando te alejas.

## V

SE NOS VA LA VIDA cada vez que respiramos sobre su piel y
la voz de sus dedos.

Sí. Pero todo queda cuando permanecemos en letargo…
en su presencia y continuidad.

## VI

PERO QUÉ POCO SE NECESITA. Caminar despacio nos hace
pensar. Contemplar la lluvia y brevedad.
Y, aun así, justificamos el amanecer cuando estamos en la
línea y claridad. Marionetas que se lanzan y florecen.

Por eso quiero la sombra. Pasear despacio y permanecer
para contemplar la caída, sin la posibilidad de una
línea de voz.

Me queda el paisaje horizontal de la *frontera*[5]. Hoy estoy
para mi voz y para una letanía de palabras que me
abrazan.

El pasado ha muerto. Y siempre lo he necesitado para
caminar y convivir.

---

[5]  «...*frontera*». Término de referencia utilizado en el segundo bloque de mi
creación poética. A partir del libro: *Claridad de la nada*. Primera parte. Página
19. Barcelona 1987.

ENTREACTO PRIMERO

## 1

NO ES DEBILIDAD imaginar desde una posición privilegiada de poder. Deseo vivir pegado a la sombra. Sobre figuras de agua, porque hay esperanza y concesiones para el otoño.

## 2

QUIERO DESCANSAR. Pero tú y yo sabemos, que cada día nos levantamos porque no existe otra voz más allá y al otro lado de la consecuencia.

*ESTRAGON (avanza otro paso). - ¿Estás enojado? (Silencio. Otro paso.) ¡Perdón! (Silencio. Avanza otro paso. Le toca en un hombro.) Vamos, Didi. (Silencio.) ¡Dame la mano! (Vladimiro se vuelve.) ¡Dame un beso! (Vladimiro se pone rígido.) ¡Déjate hacer! (Vladimiro se ablanda. Se besan. Estragon retrocede.) ¡Apestas a ajo!*
*VLADIMIRO. - Es bueno para los riñones. (Silencio. Estragon mira atentamente el árbol.) Y ahora, ¿qué hacemos?*
*ESTRAGON. - Esperamos*
*VLADIMIRO. - Sí, pero mientras esperamos.*
*ESTRAGON. - ¿Si nos ahorcásemos?*
*VLADIMIRO. - Sería un modo de entrar en erección.*
*ESTRAGON (excitado). - ¿Entramos en erección?*

De *Esperando a Godot.*[6] SAMUEL BECKETT

[6]   Samuel Beckett. *Esperando a Godot.* Acto primero. Edición de 1970. Traducido por Pablo Palant.

# ACTO SEGUNDO

I

CUANDO EL PAISAJE SE APAGA y transforma. Con la palabra,
   pero sin nada para recoger.

Es el trazado de la huella. El lugar de la mirada y su
   escritura. Aunque hoy es invierno y empezamos a
   soñar.
Pero cuando tú no estés y sea muy largo tu latir de duda
   y soledad. Entonces, volveremos hacia la luz.

A vivir para respirar desde sus cenizas.

## II

ESTOY ENTRE TUS RECUERDOS y abrazos que se pasean. Entre la nube que me acompaña y esas dos líneas de poder.

Nada queda para recorrer... entre la luz y aquella mañana *fría de escarcha y cuando eran las seis de la mañana y ocho de febrero.*[7]

Me reconozco frente a una línea de color. Me da miedo la oscuridad y la pesadez de mis dedos cuando amanece.

Pero sí. Estoy... y me recuerdo. Dentro de tu pasado de luz y de futuro.

Es el dolor de lo que está sucediendo. La nube, de lo que hoy lucha y prevalece.

---

[7]   Juan Pastor. «Bloque 2. Poema III». Página 69, 70 y 71. *Hasta que el tiempo los agote*. Murcia 1975.

## III

SOMOS LA REFERENCIA que se repite y vuelve. La mirada
rota que se pierde y la verdad que duele cuando me
reconozco.

Ignorada distancia. Rumor de agua. Recuerdos que se
levantan y que se alejan sobre cada uno de mis
dedos.

Pero tú… no me rodeas cuando el viento nos agita y me
golpea.

Me duele tener que pensar y no puedo respirar ni dejar
de cantar, cuando te siento.

## IV

ES UNA NUEVA FORMA DE SENTIR la realidad. De vivir cuando me reconoces. Estamos en el mismo espacio. Pero alejados de nuestro vuelo y posición... obligados a elegir y a navegar en la oscuridad.

Invisible línea de flotación y división. Siempre pegados a la horizontal y vertical de su mirada.

# V

ESTOY TAN CERCA, que me compromete su realidad, cada
vez que se mueve y me protege.
Pero envejecido y cansado por tanto viento y respiración.

Es ahí donde vive la luna y nos abrazamos con su
pleamar de voz.
Y donde tantas miradas se pierden, junto a las paredes de
la emoción.

Aunque hoy estoy aquí para respirar. Con el ritmo de su
latir… y la imposición abierta del grito.

## VI

PORQUE NO ES sino fingida luz lo que nos rodea, cuando
  nada se aguanta.
Y esa es la diferencia. Que se vive para dejarnos entender,
por esta luna de voz, donde podemos decir y manifestar.

Empiezo a sentir tus dedos y me parece, como si todo
  se me alejara. Se disparan las alarmas... aunque nos
  acompaña el susurro y vocación.

Siento el frío por entre las vibraciones y matices de tu
  señal. No es invierno, pero me quema su cercanía.

# VII

## 1

SE DETERIORA LA HORIZONTAL que nos mueve por cada una
de mis prolongaciones.
La luz acoge nuestro vuelo. Se pierde la voz y me he
quedado sin la referencia.
Sin la palabra por la que tanto he luchado… cuando más
os empezaba a necesitar.

## 2

PERO NOS ALEJAMOS DE LA CIRCULAR con la ruptura. Tan solo
nos quedarán, los dolores de la distancia.
Tu recorrido de voz y la duda de no saber, hasta dónde,
hasta cuándo puedo llegar con la caricia.

## 3

PERO DECIR AMOR, es como soñar y caminar en silencio.
Cogernos… y no saber, dónde termina y se rompe tu
verdad.
Es, caer para recoger con mis dedos la ternura. No poder
levantar la mirada y sentir, tu cuerpo sobre la piel de
mi recuerdo.

Pero no quiero tu silencio cuando decir amor, es toda tu figura. La huella y el poder sobre mi voz.

Quiero estar. Para que tú, puedas coger mi pálpito y su latir.

Pero decir amor, es no decir, para no romper el encanto de la mirada. Saber que estamos, pero no perder, ni la presencia ni la voz para el susurro.

Que tú me quieras y que nos podamos sentir. Cada vez... y cuando tú me necesites.

ENTREACTO SEGUNDO

NO MERECE LA PENA respirar el aire que nos ahoga, ni el
humo de mi frente cuando estamos.

Pero entonces… ¿merece la pena descansar cuando no
podamos lanzar la palabra para reivindicar la protesta?
Lástima que ahora, todo nos parezca un sueño.
Demasiado limpio y cargado de realidad.

*ESTRAGON. - Entonces hay que esperar aquí.*
*VLADIMIRO. - ¡Estás loco! Hay que abrigarse. (Toma a Estragon*
*del brazo.) Ven. (Lo arrastra. Estragon cede al comienzo,*
*pero luego se resiste. Se detienen.)*
*ESTRAGON (mirando el árbol). - Lástima que no tengamos un*
*trozo de cuerda.*

De *Esperando a Godot*.[8] SAMUEL BECKETT

[8]   Samuel Beckett. *Esperando a Godot. Última escena del primer Acto* Edición de 1970. Traducido por Pablo Palant.

# ACTO TERCERO

I

CUANDO EL GRITO SE HACE viento por encima de la voz.
Desaparecemos para el sueño y la denuncia.

Pero esta repetición generacional significa morir. Y su
hibernación... así nos lo recuerda.

Morir no es cerrarse a la vida. También lo es, cuando nos
empuja la pesadez. El blanco y su dificultad para el
color.

Y nos cuesta tanto, porque también necesitamos la voz y
su temblor de vibraciones.

Aunque también podríamos estar. Y más tarde, otra vez la
duda... y la sensación de muerte para vivir.

## II

SI NO FUERA PORQUE HOY ES VIERNES y que, junto a mis
prolongaciones, tengo tu línea marcada.
Porque cuando empezamos a respirar vociferamos la
palabra muerte.
Y también, por la necesidad de tu mirada y dilatada
esperanza.

Pero sí. Hoy quiero descansar. Para poder. Y para dejar
mis recuerdos y silencios de muerte.

## III

PARA QUE SEAMOS LA ÚNICA REALIDAD. Para que cuando me
    recorras como la profecía y estatua de sal, no te alejes
por el margen que todos tenemos. Y que desaparece por
    el miedo a la caída. A destruir nuestra propia realidad
    que se aleja.

Miradas que se ajustan al nivel. Se desploman, hasta caer
    por entre la línea... de la ilusión y catedral de sueños.

Porque vivir no cuesta y nos envuelve al amanecer,
    estamos, en otros parámetros de referencia y
    dimensión comprometida.

# IV

PARA QUÉ CORRER cuando cabalgamos entre mi pasado y tu futuro.
Pero nos miramos… y regresamos al sueño de la utopía.

Al miedo para lanzarnos con la voz. Amanece por encima, de su doblez y de la piel que me acompaña.
Se aleja por entre sus pasos hacia la nada en un canto de gozo inalcanzable.

Te quiero porque me has dado lo que soy. La realidad me supera y me hiere cuando te cuento.

V

ENTRE VELADURAS DE AGUA y fondos de ilusión … ¿En qué
realidad estamos? Nos detenemos, pero me siento
perdido.
Navegando sin fuerzas. Alejado de la tormenta y de la
sombra que me rodea.

Hoy en la quietud, se nos abraza la duda en cada una de
las estrellas.
Y cuando se cierra la noche, estamos y permanecemos
agarrados al sueño de la ironía.

# VI

ESTOY SIN REFERENCIAS. Sin esa voz que se repite hasta
    dejarnos fuera del plano vertical y en una permanente
    agonía de ruptura seccionada.

Pero no tengo realidad. Estoy solo y en mitad de la línea
    que amenaza y destruye cada uno de mis sentidos.
Quiero estar. Me levanto y permanezco en vuelo.

Es el vacío y sus espacios para ocupar la inexistencia.
    La duda de vivir posicionado y en dirección cuando
    amanece.

## VII

NO PUEDO ALEJARME para dejaros la mancha, sobre la pared
que cubre mis espacios.
Ni tampoco las inclinaciones y propiedad de una
imposición.
Pero no. No es posible amanecer sobre mis cenizas y
dejar el llanto sobre la duda.

Y no puedo... cuando también la muerte permanece y se
considera.

Esperaré, hasta donde casi todo es posible. Donde los
brazos están en blanco y la noche... siempre tan
segura e inaccesible.

Tengo la tarde sobre mis dedos. Hoy siento necesidad.
Pero también quiero esperar. Hasta poder descansar.
Y también para vivir.

## VIII

POR QUÉ TANTO REPETIR que dónde tendríamos que haber
estado.
Es lo que la totalidad necesita. Lo correctamente necesario
para respirar y sentir la piel de lo que me rodea.
…Poder justificar y darle forma a mi existencia. Pero no
quiero estar… y descansar, entre vuestras dudas y mis
afectos.
Nos reconocemos hacia dentro como tu voz y sensación
de lo infinito, para protegernos y mutilar la horizontal.

Hoy necesito vivir en línea y satisfacción. Protegidos por
la piedra… y junto al hueco de la voz que me rodea.

Elasticidad imaginada, de las riendas de tu cintura.
Prolongada pausa de un espacio protegido que se
impone.

Tenemos la plenitud de luna, alimentados y protegidos
para la nube.
Son recuerdos que me hacen situar el grito junto al
espacio de tu pasión.

Pero comprender para caminar, significa estar alejado y
consciente. Necesito la imaginación y sorpresa de tus
prolongaciones.

Te quiero para ser tuyo en silencio y progresiva soledad. Eternamente acompañados por el susurro que amanece sobre mi voz.

Así es y caminamos. Siempre por encima y para tus sensaciones de sentido y voluntad.

# PUNTO FINAL
## (Monólogo para después del espectáculo)

*VLADIMIRO. - ¡Estamos rodeados! (Enloquecido, Estragon se precipita hacia el telón de fondo, contra el cual choca y cae.) ¡Imbécil! ¡Por allí no hay salida! (Vladimiro le levanta y le lleva hacia la rampa. Gesto al auditorio.) Allí no hay nadie. Escápate por allí. Ve. (Le empuja hacia el foso. Estragon retrocede, espantado.) ¿No quieres? Se comprende muy bien, a fe mía. Veamos. (Reflexiona.) Sólo te queda ocultarte.*

De *Esperando a Godot*.[9] SAMUEL BECKETT

---

[9] Samuel Beckett. *Esperando a Godot.* Segundo acto. Edición de 1970. Traducido por Pablo Palant.

# I

CUANDO LO NECESITAMOS para que podamos comprender, todo sigue y se transforma en un ejercicio de rutina y vibración. Aunque esperamos a desaparecer... y hasta que la luna caiga.

Pero cuando la inclinación se rompe sobre su vértigo de pureza, algo nos estamos dejando, por encima de los cimientos y base de la existencia.

Y es entonces, cuando vivir no despierta ilusión y agonizamos. Mis pasos empiezan a sentir las grietas de humo y las de mi pasado. Hasta dejar el paisaje cargado de una espesa niebla que me rodea, hasta romper y saltar en pedazos por la quietud.

## II

ERES LA IMAGEN DEL INVIERNO y necesitas vivir tu realidad. Pero no te alejes de lo que tanto has deseado. Conducido y frío del entorno. Tenemos la necesidad de alejarnos… para reconducir y poner pie sobre nuestro futuro.

Estamos donde tú reclamas y se te impone. Desde la luz que tantas veces, desde la ficción, hemos abandonado.

Hoy prefiero tu mirada más dura porque lo inducido no se puede fraccionar. Que nuestro cuerpo reflexione. Porque nos quedamos aquí y con el vuelo de tu pasado.

## III

MIS CENIZAS SE VUELVEN para reflexionar y ser fuego de juventud. Estoy esperando y es como un cuerpo cuando duele y acaricia con voluntad.

Son ilusiones para la rutina, que me rodea con tu seguridad.

La esquina y utopía en vuelo, para impedir, que aterricen y caigan sobre la carroña. Pero hay vacío. Tempestad sostenida… cuando amanece sobre las olas y espuma del mar. Como trinchera. Deseos y sutilezas de mi escritura.

## IV

ESTOY SOBRE LA LUNA y rostro de huella endurecida. Desviando la mirada de lo que necesitamos para vivir de tu existencia. Porque te rodeo y necesito para mi estabilidad.

Para mi sueño cuando amanece. Te llamo y siento sobre mi piel la sequedad que amenaza.

Deseo que vuelvas y que se levante la caída. Porque nada tiene remedio cuando no hay lucha y caricias con uñas para convencer.

Será, lo que siempre permanece reconocido. Cada día, en cada paso y en todos los espacios de nuestra cruz.

Madrid de 1998 a 2007
Cerrado el 27 de mayo de 2020.
Última revisión lapidaria el 18 de agosto de 2023.

## DEDICATORIAS Y AGRADECIMIENTOS

Los poemas del SEGUNDO y TERCER ACTO de este libro, incluidos sus entreactos, están dedicados: *A Nora y Artemi Pastor Molina, espacios y sueños de la representación.*

Hago extensible mi agradecimiento y por ello les dedico estos poemas: *A quienes han hecho posible mi fantasía.*
Y también, para *América Lara Sacido, por sus aportaciones y parámetros para la ausencia…*

Y para *Enrique y Alejandro Pastor Lara*, enhebradores de hilos y futuro.

# ÍNDICE

## ENTREACTO PRIMERO

## ACTO SEGUNDO

## ENTREACTO SEGUNDO

## ACTO TERCERO

## PUNTO FINAL
### (Monólogo para después del espectáculo)

Esta edición de
«Sin título»,
de Juan Pastor,
n.º 339 de la Colección "Devenir Poesía",
se terminó de imprimir el 23 de enero de 2025,
en Imprenta Kadmos,
Salamanca